中文·English·日本语·Español

静思语

【典藏版】 *Jing Si Aphorisms*

释证严 著
Shih Cheng Yen

中文、英文、日文、西班牙文对照
最新修订版

复旦大学出版社

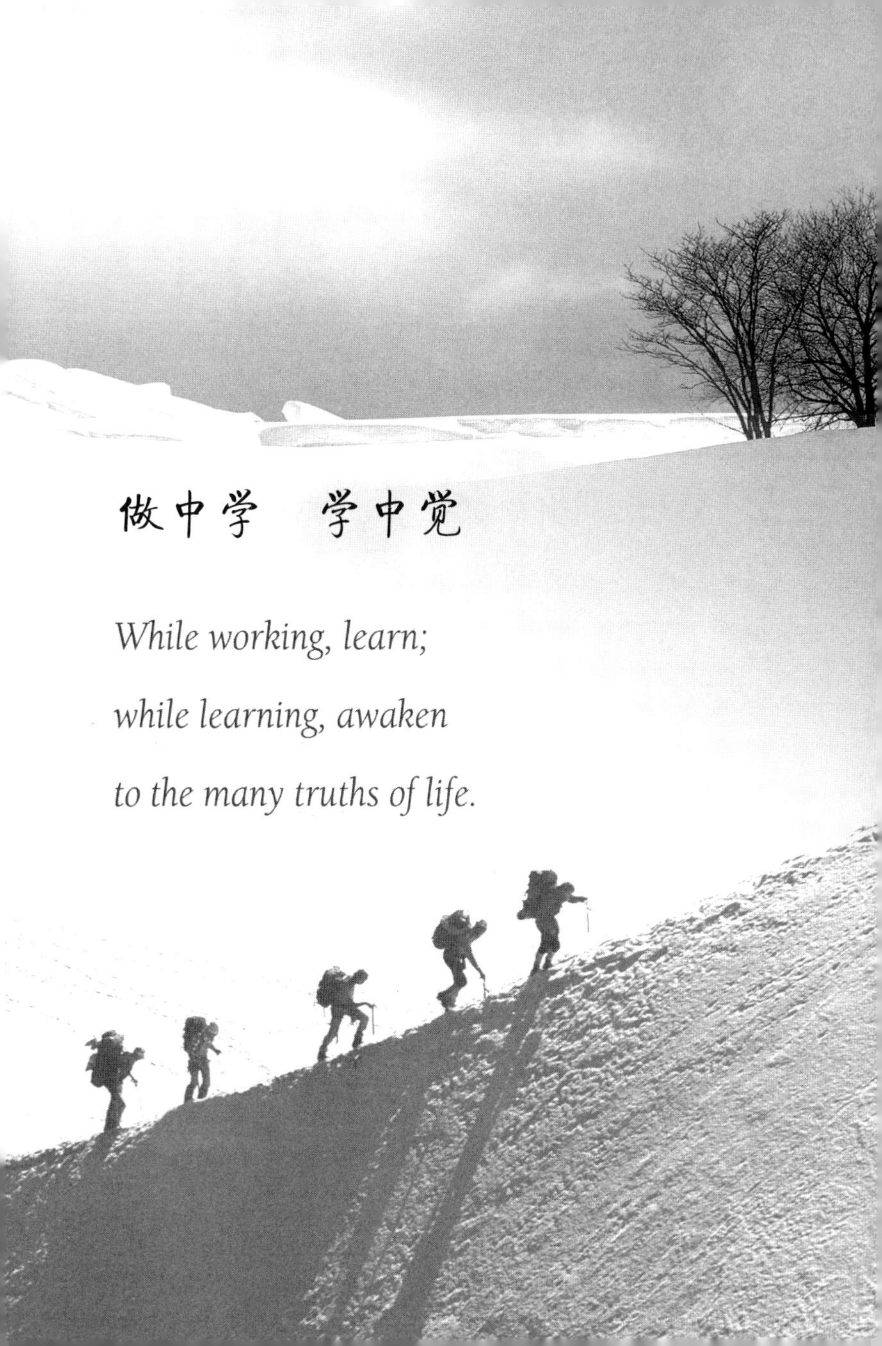

做中学　学中觉

While working, learn;
while learning, awaken
to the many truths of life.

时间可以造就人格,
可以成就事业,
也可以储积功德。

*Over time, we can
build great character,
achieve great success,
and cultivate great virtue.*

時間を用いて、人格を形成することも
事業を成就させることも、
また功徳を積むこともできる。

*Con el tiempo podemos
forjar un gran carácter,
alcanzar gran éxito
y cultivar una gran virtud.*

用智慧探讨人生真义，
用毅力安排人生时间。

*Contemplate the meaning of life
with wisdom.
Organize the time we are given
with resolve.*

智慧を用いて人生の真意を探究し、
気迫をもって人生のスケジュール
を決めよう。

*Usa la sabiduría para meditar
sobre el significado de la vida.
Usa la determinación
para organizar el tiempo
que te es otorgado.*

"前脚走,后脚放"意即:
昨天的事就让它过去,
把心神专注于今天该做的事。

When walking,
as we step one foot forward,
we lift the other foot up.
In the same way, we should
let go of yesterday
and focus on today.

踏み出した前足が地に着いて、
後足を離さないようでは前へ進めない。
つまり、過ぎ去ったことにくよくよせず、
今日なすべき事に専念すべきである。

*De la misma forma
en que apoyamos un pie
y levantamos el otro al caminar,
dejamos atrás el pasado
y nos concentramos en el presente.*

未来的是妄想,过去的是杂念,
　　要保护此时此刻的爱心,
　　　谨守自己当下的本分。

The future is an illusion,
the past is a memory.
Hold on to the goodness in our heart
at this present moment
and take care to attend
the duties that we have at hand.

未来のことは妄想であり、
過去のことは雑念である。
今この時の愛の心を大事にし、
今するべきことを考えてすぐに行動しよう。

El futuro es una ilusión,
el pasado es un recuerdo.
Protege el amor de este momento.
Concéntrate en tus tareas presentes.

生命无常，慧命永存；
爱心无涯，精神常在。

*Life is impermanent,
but wisdom-life lasts forever.
Love is boundless,
its spirit will live on.*

生命は無常であり、慧命は永遠に存在する。
愛は果てしなく、精神は常に保たれる。

La vida es efímera,
la sabiduría es eterna;
el amor en nuestros corazones
no tiene límites
y el espíritu perdurará para siempre.

最幸福的人生，
就是能宽容与悲悯
一切众生的人生。

*A person with a generous heart
and compassion for all beings
leads the most blessed life.*

寛容と慈悲の心をもって一切衆生に接する
人生こそ最も幸せな人生である。

*La persona
compasiva y generosa
con todos los seres
lleva la vida más dichosa.*

典藏版

014

不辞劳苦的付出,
便是"慈悲"。

To willingly undergo hardship
for the sake of helping others
is compassion.

苦労を厭わない奉仕は「慈悲」である。

*El someterse voluntariamente
a dificultades por el bienestar
de los demás es compasión.*

即使已达智慧圆融,
更应含蓄谦虚,
像稻穗一样,
米粒愈饱满垂得愈低。

*Even if we have achieved great wisdom,
we must be humble
and unassuming all the more,
just like a rice stalk that bows
under the weight of ripe grain.*

たとえ円融無碍の智慧に達しても、
実れば実るほど垂れ下がる稲穂のように、
さらに含蓄と謙虚さがなくてはならない。

Hasta la persona más sabia
debe ser humilde y sin pretensiones,
como el tallo de arroz
que se inclina
bajo el peso
del grano maduro.

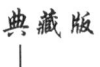

唯有尊重自己的人，
才能勇于缩小自己。

*Only those who respect themselves
have the courage to be humble.*

己を尊重する人こそ
勇んで自分を縮めることができる。

*Sólo aquellos
que se respetan a sí mismos
tienen el valor
de ser humildes.*

缩小自己,要能缩到对方的眼睛里,
还要能嵌在对方的心头上。

To be humble
is to shrink our egos
until we are small enough
to enter other people's eyes
and reside in
their hearts and minds.

相手の目の中、耳の中に入れるほどに
己を縮小すれば、相手を傷つけず、
また相手の心の中まで入り込むことができる。

Ser humilde
es disminuir nuestro ego
lo suficiente como para penetrar
a través de los ojos de las demás,
y alojarnos en sus corazones
y en sus mentes.

看淡自己是般若，
看重自己是执著。

*To regard ourselves lightly
is wisdom.
To regard ourselves highly
is attachment.*

淡泊な己であれば般若であり、
己を重んじるのは執着である。

*El vernos a nosotros mismos con modestia
es Prajna (sabiduría).
El considerarnos altamente
es aferrarsea uno mismo.*

不能低头的人，
是因为一再回顾过去的成就。

*The reason that
people cannot be humble
is because they cling to
their past achievements.*

いつまでも過去の功績にこだわっていると、
頭を低くすることができない。

*Las personas
que se preocupan constantemente
en logros pasados
no saben ser humildes.*

人都是在原谅自己的
那一分钟开始懈怠。

*We start to slacken
the minute we try to find excuses
for ourselves.*

自分自身を許したその時から、
その人は怠惰になってゆく。

*Comenzamos a aflojar
apenas encontramos una excusa.*

勇于承担，
是一分动人的力量；
勇于承担错误，
则是一种高尚的品格。

*To be brave enough
to undertake responsibilities
is an inspiring force.
To be brave enough to admit a mistake
is a noble virtue.*

率先していろんなことを担って行く人は
敬服に値する。
また率直に自分の過ちを認める人は、
気高い品格の持ち主である。

El llevar una carga
es una fuerza inspiradora,
el admitir un error
es una noble virtud.

大错误容易反省,
小习气不易去除。

*It is easy to reflect on
major mistakes,
but hard to eradicate
small bad habits.*

大きな過ちを犯した時は、
容易に反省をするものだが、
些細な良くない習慣はなかなか改められない。

*Es fácil reflexionar
sobre los grandes errors
pero difícil eliminar
las pequeñas malas costumbres.*

忏悔则清净，
清净则能去除烦恼。

Repentance purifies the mind;
a pure mind can readily
sweep away afflictions.

懺悔して心を清めれば
煩悩は取り除くことができる。

*El arrepentimiento
purifica la mente;
una mente pura
elimina fácilmente
las preocupaciones.*

典藏版

人最难看见的，
　　就是自己。

*The hardest thing
for people to see
is themselves.*

一番見極め難いのは自分自身である。

*El mirar con claridad
hacia dentro
de uno mismo
es lo más difícil
para los seres humanos.*

信心、毅力、勇气三者具备，
天下没有做不成的事。

*Nothing is impossible
with confidence,
perseverance,
and courage.*

信念、毅力、勇気の三つが揃えば、
この世にできないことはない。

*Con fe,
perseverancia
y valor, no hay nada
que no podamos realizar.*

要以理来转事,
不是拿事来转理。

We must carry out our tasks
according to principles,
and not let our principles
be compromised by our tasks.

大切なのは「理」でもって
「事」を扱うことで、「事」でもって
「理」を扱うものではない。

Debemos llevar a cabo nuestras tareas
de acuerdo a nuestros principios
y no dejar que nuestros principios
se vean comprometidos por nuestras tareas.

凡事要守好自己的原则，
不要牵强应酬；
常去应酬，
往往度不到对方，
反而会被拖下水。

We should abide by our principles
and not socialize reluctantly.
If we party too often,
we may be influenced
instead of influencing others.

何事にも自分の原則を守ることが大切だ。
無理してまで招待に応じることはない。
無理な付き合いを重ねていたら、
往々にして相手を感化するよりも
相手に丸め込まれてしまいやすい。

Rígete por tus principios
en todo lo que hagas.
Nunca actúes simplemente
para complacer a los demás,
porque en vez de ayudarlos,
te verás envuelto
en una situación difícil.

好事,需要你、我、他共同来成就。
所以,不要有你、我、他的成见。

Good deeds require
everyone's cooperation.
So let us not cling to personal biases.

良い事はみんなで力を合わせて
成就しなければならない。
よって、それぞれの
先入観は禁物である。

*Las buenas acciones
requieren la cooperación de todos.
Deja a un lado
los prejuicios personales.*

处理事情,
感情要蕴藏在理智中;
与人相处,
则要把感情表现在理智上。

In handling matters,
let your mind
influence your heart.
In dealing with people,
let your heart
influence your mind.

事を処理する際、
感情は理知の中にしまっておき、
人と触れ合う時は
感情を理知の上に表す。

*Cuando estés trabajando,
permite que tu corazón
se deje influir por tu mente.
Cuando trates con la gente,
permite que tu mente
se deje influir por tu corazón.*

典藏版

整体的美，
在于个体的修养。

*The beauty of a group
lies in the refinement
of its individuals.*

全体の美は、個人の修養により現れる。

*La belleza de un grupo
está en el
refinamiento
de los individuos.*

一个人的修养、气质,
均在行、住、坐、卧四威仪中
自然地显露出来。

A person's refinement and disposition are naturally displayed in the way he walks, stands, sits, and lies down.

修養、気質というものは、
日常の行住坐臥の行儀作法の中に
自然に現れる。

*Una actitud refinada
se expresa
naturalmente en la forma
en que una persona
camina, vive,
se sienta y duerme.*

欣赏他人,
即是庄严自己。

*Seeing virtue in others
is itself a virtue.*

他人を称賛することは、
自分自身を荘厳にすることになる。

*El apreciar a los demás
es dignificarnos.*

世间的物资本来是为人所用,
　但不知足者因欠缺智慧,
　　竟沦为"被物所用"。

*Material things are meant to be
used by people.
Yet, lacking wisdom,
we are perpetually discontent,
and become enslaved
by material things.*

世の中の物は本来人間に
使われるものであるが、
足るを知ることができない人は
智慧に乏しいため
「物に使われる」羽目になる。

*Las cosas materiales
se han hecho para usarse;
aún así,
las personas se vuelven
disconformes y esclavas de ellas
cuando no tienen sabiduría.*

人生有求即多苦！
如果只是一味地要求他人，
会为自己招来无穷的痛苦。

How bitter life is
when we have desires!
Our demands on others
will bring us endless misery.

人生において求めることがあると苦労する。
ひたすら人に求めて止まないなら
限りない苦痛を招くことになる。

¡ Cuán amarga es la vida
cuando engendramos deseos!
Nuestras exigencias hacia el prójimo
nos traen infinitas penas.

人生若能减低欲望,
生活上便没有什么值得计较!

*If we can
reduce our desires,
there is nothing
really worth
getting upset about.*

欲望を減らせば日常生活において
何も争うほどのことはない。

*Si logramos
disminuir nuestros deseos,
no hay nada
por lo que realmente
valga la pena enfadarse.*

知足的人，心量开阔；
心量开阔，对人对事就不会计较。

*One who is content
is immensely broad-hearted.
A broad-hearted person
will not dispute with others
over any matter.*

足るを知る人は度量が広い。
度量が広いので人に対しても
事に対しても争わない。

*Una persona satisfecha
tiene un gran corazón.
La persona con un gran corazón
no se pelea con nadie
por ningún motivo.*

人要知福、惜福、再造福。

*Count your blessings,
cherish them and sow more blessings.*

人は福を知り、福を惜しみ、
さらに福を造るべきである。

*Date cuenta que estás bendito
y aprecia estas bendiciones;
luego, sigue cultivando
más bendiciones.*

世间的海可以填平，
但是小小一个嘴巴，
却永远填不满。

The ocean can be filled,
yet the tiny mouth
of a human being
can never be filled.

海を埋めてしまうことはできても、
人間の小さな口はいくら埋めても
満ちることがない。

El océano se puede llenar;
sin embargo,
la boca diminuta
de un ser humano
nunca se llenaría.

学佛的第一步是要少欲知足，
使心灵安住，智慧增长。

*The first step on the path of Buddhism
is to lessen our desires
and be content with what we have.
Then our minds will settle,
and our wisdom will grow.*

仏に学ぶ第一歩は「欲少なく、
足るを知ること」によって
心を落ち着かせ、
智慧を増やすことである。

*El primer paso
para aprender budismo
es disminuir nuestros deseos
y estar satisfechos con lo que tenemos;
de esta manera,
con nuestras mentes en calma,
empezaremos a ganar sabiduría.*

以爱待人、以慈对人，
则不惹人怨，亦能结好缘。

*When we treat others
with love and compassion,
we will not stir up ill feelings,
and we will be able to
form good relationships with others.*

慈愛をもって人と接することができれば
人に恨まれることはなく、
良いつながりをもつことができる。

Si tratamos a otros
con amor y compasión,
no crearemos malos sentimientos.
Sin crear malos sentimientos,
podremos entablar
buenas relaciones con los demás.

菩萨不是土塑木刻的形象，
真正的菩萨能做事、能说话、能吃饭，
能循声救苦随处现身。

*Bodhisattvas are not
idols made of wood or clay;
true Bodhisattvas are people
who eat, talk, work, and
relieve suffering in times of need.*

菩薩とは土で造ったり
木で彫ったりした造形ではない。
真の菩薩は仕事ができ、言葉が話せ、
ご飯が食べられ、救いを求める声を聞くと
随所に姿を現す。

*Los Bodhisattvas
no son imágenes de madera o de arcilla,
sino, personas que comen,
hablan, trabajan
y alivian el sufrimiento de otros
en tiempos de necesidad.*

人人本具菩萨心，
也具有和菩萨同等的精神与力量。

Everyone has a Buddha nature,
and a Bodhisattva's strength and spirit.

人はもともと菩薩の心をもっており、
また菩薩と同じような精神と
力量を備えている。

*Todos tenemos
la esencia del Buda,
y la fortaleza y el espíritu
de un Bodhisattva.*

佛法很简单,
只要去除贪、瞋、痴三毒,
就可以明心见性。

*The Dharma is very simple:
eliminate the three poisons——
greed, anger and ignorance,
and we will discover
our true nature.*

仏法は至って簡単で、貪、瞋、痴を
除きさえすれば悟ることができるのである。

*El Dharma es muy sencillo,
si eliminas la avaricia,
la malicia y la ignorancia,
descubrirás tu propia
verdadera naturaleza.*

每个人都有一念善心，
只要被启发，爱心就能被点燃。

There is a kind heart in each of us.
If inspired, the love in us
will be kindled.

どの人にも善の心があり、
引き出しさえすれば、
愛の心の明かりは灯されます。

*El buen corazón
está en cada uno de nosotros.
Solo si está inspirado,
el amor en nosotros se encenderá.*

教法不必听太多,
若能身体力行,
简单的一句,
就能启发真正的善根。

*There is no need to learn
many teachings.
If we can put one simple
verse into practice,
we can awaken
our true nature of goodness.*

あれこれと教えを多く聞くまでもない。
実践さえすれば、簡単な一言が即ち真法となり
真の善根を啓発することになる。

No hay necesidad
de aprender muchas enseñanzas.
Si somos capaces
de poner un simple verso en práctica,
podremos despertar
la bondad innata
que hay en nosotros.

每天都是生命中的一张白纸，
　每一个人、每一件事，
　　都是一篇生动的文章。

Every single day
is like a blank page of our life.
Every person we meet and
every event we encounter
is a vivid essay.

毎日が生命における一枚の白紙の
ようなものであり、一人一人のどんな出来事でも
一篇の生き生きとした文章に
綴ることができる。

*Cada día de nuestra vida
es como una página nueva.
Cada persona que conocemos
y cada acontecimiento
en que participamos
son una redacción animada.*

人一生的行为，
不管是善是恶，
皆由时间所累积。

Our behavior——
whether good or evil——
is the accumulation
of actions over time.

一生の行爲は善にしろ悪にしろ、
ことごとく時間によって積み重ねられる。

*El comportamiento de una persona
en el transcurso de su vida,
sea bueno o malo,
se acumula con el tiempo.*

每天无所事事，
是人生的消费者；
积极付出，
才是人生的创造者。

If we do nothing useful every day,
we just consume our life.
If we actively give of ourselves,
we create meaning for our life.

毎日ぶらぶらしている人は
ただ人生の消費者であり、
積極的に奉仕する人こそが
人生の創造者なのである。

*La vida se desgasta
si derrocharmos el tiempo
y no hacemos nada.
El entregarse a otros
con total dedicación
llena nuestras vidas.*

什么都没做，就是空过的人生；
若能不断付出利益人群，
　　就是大好的人生。

If we do nothing useful,
our life will pass by in vain.
But if we keep working
for the betterment of mankind,
ours will be a great life.

何もしないのは人生を無駄に
費やすことになり、
世を益する事を絶えず実行すれば
最高の人生となる。

La vida no tiene sentido
si pasamos los días
sin hacer nada.
La vida es maravillosa
si se trabaja sin descanso
por el bienestar
de la humanidad.

典藏版

为人处事要小心、细心，
但不要"小心眼"！

*Be careful and mindful
when dealing with others,
but do not be
narrow-minded.*

何をするにも細やかな注意が必要だが、
心が狭くならないように。

*No actúes
con la mente cerrada
al tratar con los demás,
sé cuidadoso y considerado.*

双手健全却不肯做事的人，
　　等于是没有手的人。

*To have two good hands
and refuse to work
is no different than
having no hands at all.*

健全な両手がありながら働こうとしない人は
手がないのと同じである。

Tener dos manos útiles
y rehusar a trabajar
es lo mismo
que no tener ninguna mano.

做人固然不应将自我看得太重，
但也不要自轻己灵。

Do not think too highly of yourself.
And yet, never underestimate
your ability, either.

人は自分自身をあまり重く
見てはならないが、
だからと言って己を軽んじるのではない。

No te sobreestimes,
pero tampoco subestimes
tu propia habilidad.

要平安,得先心安;
要心安,须先得理;
理得心安,即阖家平安。

To live in peace, we must have inner peace.
To have inner peace, we
must have a clear conscience.
When our conscience is
clear and our mind at peace,
we bring peace and bliss
to those around us.

平安でありたければ先ず心を安らかに、
心安らかにありたければ
先ず道理をわきまえることだ。
道理をわきまえ心安らかになれば、
みんなが平安となれる。

*Para vivir en paz,
debemos tener paz interna.
Para tener paz interna,
debemos tener conciencia clara.
Cuando nuestra conciencia está clara
y nuestra mente en paz, traemos paz
y bendición a quienes nos rodean.*

难行能行,难舍能舍,难为能为,
才能升华自我的人格。

Persevere even when it is hard to go on,
release even when it is hard to let go,
endure even when it is hard to bear,
this is how we build our character.

行き難きを行き、捨て難きを捨ててこそ、
自己の人格を昇華させることができる。

*Continúa
aunque sea difícil,
deja ir
aunque sea difícil dejarlo,
aguanta aunque sea difícil aguantarlo,
así es como forjarás tu carácter.*

口说好话，心想好意，
身行好事，脚走好路。

Speak kind words,
think good thoughts,
do good deeds,
and walk the right path.

良い言葉を口にし、
善良な心で、
善行をなそう。

Utiliza buenas palabras,
ten buenos pensamientos,
haz buenas obras
y camina por el sendero correcto.

转一个角度来看世界,
世界无限宽大;
换一种立场来待人处事,
人事无不轻安。

When we view the world
from a different perspective,
the world becomes vast and wide.
If we shift our perspective
in everything we do,
we will feel at ease
with everything and everyone.

物事の見方を変えて見ると、
世界は無限に広く大きく感じる。
事に臨んだ時、ちょっと立場を変えて見ると、
深刻に思えた事も何でもないことに
思えてくるものだ。

Mira al mundo
con otra perspectiva,
el mundo es vasto y amplio.
Todo será más fácil
si utilizamos diferentes puntos de vista
al tratar con los demás.

做事，
一定要秉持"诚"与"正"的原则；
而待人，
则要用"宽"与"柔"的态度。

*Be honest and true
in everything we do.
Be kind and forgiving
in our interactions with others.*

事にあたる時は必ず「誠」と「正」の
原則に則り、
人に対しては「寛」と「柔」の
態度で接しよう。

*Sé honesto y sincero
en todo lo que hagas.
Sé gentil y perdona
a los demás en tus relaciones.*

人生因为有责任而踏实，
逃避责任就是虚度人生。

*Life becomes meaningful
when we assume responsibilities.
Avoiding responsibilities
makes our life empty.*

責任感があってこそ人生は着実となる。
責任逃れしようものなら
虚しい人生になってしまう。

*La vida tiene significado
cuando asumimos responsabilidades.
El evitar responsabilidades
hace que nuestra vida
se vuelva vacía.*

不要因贪求清闲,
而希求减轻责任;
应该增强自己的力量,
担当更重大的责任。

*Do not wish for less responsibility
in order to enjoy a life of leisure.
Ask for more strength
to take on more responsibilities.*

安逸を貪るため責任の軽減を
求めてはならない。
自分の力を強めて、
さらに重大な責任を担うべきである。

No pidas
menos responsabilidades
para sentirte
libre y relajado,
sino pide más fortaleza.

与其担心社会现状，
不如化作信心，
并付出一分爱心。

*Instead of worrying about
the condition of our society,
we should turn worry into confidence
and give our love to the society.*

社会の現状を心配するより、
信じる心に転じて「愛」を
供出することである。

*En vez de preocuparte
por la situación de nuestra sociedad,
¿ Por qué no reemplazar esta preocupación
con firmeza y dedicación
para así contribuir con amor?*

即使自己只是一根小螺丝钉,
也要注意有没有锁上、锁紧,
以便充分发挥功能。

*Even the tiniest bolt
must be screwed on tightly
in order to perform its best.*

たとえ自分はただ一本の小さな
ネジでしかなくても、
固く締まっているかどうか注意して、
充分に機能を発揮せねばならない。

*Hasta las tuercas más pequeñas
tienen que ser bien ajustadas
para alcanzar
el óptimo funcionamiento.*

碰到逆境时,
应心生感激,
这是可遇不可求啊!

*In the face of adversity,
be grateful,
for such opportunities
do not come by often.*

逆境の中に身を置いた時、
ありがたいチャンスだと
感謝すべきである。

*Sé agradecido
ante la adversidad;
oportunidades como estas
no se presentan fácilmente.*

逆境、是非来临，
心中要持一"宽"字。

*When conflict and
adversity arise,
always keep
a spacious and tolerant heart.*

「寛」という一字を持して
「逆境」「是非」に対処しよう。

*Mantén siempre
un corazón magnánimo
aún cuando surgen
el conflicto y la adversidad.*

典藏版

要原谅一个无心伤害人的人，
不能做一个轻易就被别人伤害的人。

*Forgive those
who unintentionally hurt us.
Do not be someone
who is easily hurt by others.*

何気なく言ったことで
他人を傷つけてしまうような人を
咎めずに許してあげよう。
たやすく他人に傷つけられるような
人になってはいけない。

Perdona a aquellas personas
que nos lastiman sin querer.
No seas alguien
a quien otros puedan
lastimar con facilidad.

人在平安的时候，很容易迷失自己。
偶尔有小挫折或坎坷，
反而能唤醒良知、长养善根。

When life is safe and smooth,
we can easily lose our direction.
Yet a small setback or misfortune
may awaken our conscience
and nurture the seeds
of kindness in us.

人は無事でいると己を見失いがちである。
たまに小さな挫折や
順調にいかないことでもあれば、
かえって良知を呼び覚まし、
善根を養うことができる。
〈注〉良知: 人の生まれながらにしてそなえた知能。

Es fácil perderse
cuando uno siente
que la vida es segura y tranquila.
Sin embargo,
un pequeño tropezón o desgracia ocacional,
puede despertar nuestra conciencia
y sembrar las semillas de bondad.

人应该相信自己，
但是不可执著。

Believe in yourself,
but do not insist
on your own point of view.

自分を信じるべきではあるが、
過信して執着してはならない。

*Cree en tí mismo,
pero no te aferres sólo
a tu propio punto de vista.*

无信与迷信二者,
宁愿"无信"也不要"迷信";
信必须智信。

*Having no religion
is better than superstition.
Faith must be guided by wisdom.*

信じないのと迷信とどちらを選ぶかというと、
迷信よりは信じないほうがいい。
信ずるなら智慧ある信心であるべきで、
ありもしないことを信じるべきではない。

*El ateísmo es preferible
a la superstición.
La fe debe ser guiada
por la sabiduría.*

智信者深体佛法之精神，
迷信者曲解宗教之美意。

*A wise believer understands
the essence of Buddhism.
Those who are superstitious
misinterpret the virtue of religion.*

智慧ある信者は仏法の精神を深く
体得できるが、迷信に傾く人は
宗教の真意を曲解する。

Aquel que cree y tiene sabiduría
entiende la esencia del Budismo.
Aquellos que son supersticiosos
malinterpretan la virtud de la religión.

人有正确的信仰,
在人生旅途走的路就不会有差错。

When we have correct faith,
we will not go wrong
on the journey of life.

正しい信仰があれば、
人生の旅をさして誤ることはない。

Cuando tienes
una fe correcta,
no desviarás
en el camino de la vida.

典藏版

迷信就会疑心生暗鬼、问神卜卦，
取信于签诗、筊杯，
而无法真正深入教理。

*False understanding leads to
superstition and seeking advice from
psychics and soothsayers;
it prevents us from realizing
the ultimate truth
of Dharma teachings.*

迷信は疑心暗鬼を生み、
占いを信じて神頼みするばかりで、
教理が本当に深く体得できない。

*Las falsas interpretaciones
llevan a la superstición,
a la búsqueda de respuestas
por parte de videntes y psíquicos.
De esta forma, no podemos darnos
cuenta de la verdad absoluta
de las enseñanzas.*

典藏版

"修"是修心养性,
"行"是端正行为。

*The process
of spiritual cultivation
is to nurture virtue
and rectify conduct
and behavior.*

「修」とは、心を修め気質を養うことで、
「行」とは、正しい行いのことである。

*El proceso
de la cultivación espiritual
consiste en nutrir la virtud
y rectificar la conducta
y el comportamiento.*

同道,是指同修间若有错误的行为,
可彼此更正、相互惕励。

To walk the same path of spiritual cultivation
means that fellow practitioners should
correct one another
when someone makes a mistake,
and remind one another
to be vigilant.

同道とは、
もし修行の仲間の内に誤った行爲があれば、
互いに指摘し、
戒め合うことを指す。

*El caminar la misma senda
de la cultivación espiritual
significa que los practicantes
se unen para inspirarse mutuamente
y reflexionar sobre la debilidad
del comportamiento y la conducta.*

人既然生在世间,
就不能离开众缘,
修行也不能离群隐世。

*Born into this world,
we are destined to be with people;
hence spiritual cultivation
cannot be achieved in isolation.*

人としてこの世に生を受けたからには、
衆生との縁を離れることはできず、
修行するにも群衆を離れ、
隠遁して行うことはできない。

El haber nacido en este mundo
nos hace estar siempre rodeados de gente.
Es así como la cultivación espiritual
no puede ocurrir en aislamiento.

一切言行举止能精神统一，
　　心念一致，就是禅定。

*When our speech, action and conduct
are one with our spirit and mind,
this is true meditation.*

言行挙止の一切において、
精神を統一し、心念を一致させることが
「禅定」である。

*Cuando nuestro espíritu y acciones están
en armonía
y cuando nuestro corazón y pensamientos
están de acuerdo,
eso es meditación profunda.*

"戒"是不起心动念；
"定"是临危不乱；
"慧"是运心转境。

*Precepts allow our mind to be free
from troubling thoughts.
Equanimity allows us to be calm
in dangerous situations.
Wisdom allows us to take control
of our mind
and change our destiny.*

戒: 心静かに本分を守り、
あらゆる貪りの念を断つ。
定: どんなに困った時でも、
志操を堅持し、
機に臨んでも乱れない。
慧: 心を理想の境地に導く。

Los preceptos permiten que nuestra mente
esté libre de perturbaciones.
El estar libre de perturbaciones
nos permite mantener
la calma ante el peligro.
La sabiduría nos permite tener
control de la mente
y cambiar nuestro destino.

对人有疑心,就无法爱人;
对人有疑念,就无法原谅人;
对人有疑惑,就无法相信人。

We cannot love when filled with suspicion.
We cannot forgive when unwilling to believe.
We cannot trust when filled with doubts.

人に対して疑心があれば、
人を愛することはできない。
人に対して疑念があれば、
人を許すことはできない。
人に対して疑惑があれば、
人を信じることはできない。

No podemos amar
cuando estamos llenos de sospechas.
No podemos perdonar
cuando estamos llenos de dudas.
No podemos confiar
cuando no estamos dispuestos a creer.

多一分对他人的疑虑，
就少一分对自己的信心。

The more mistrust we feel,
the less confidence we have.

他人をそれだけ疑えば、
自分もそれだけ自信を失う。

Cuanto más desconfianza tengamos,
menos confianza tenemos.

一个真正成功的人，
必须人人都能容得下你，
你也能容纳每一个人。

A truly successful person
is accepted by everyone
and accepts everyone.

真の成功者は誰からも受け入れられ、
また、誰をも受け入れられる人で
なければならない。

*Una persona verdaderamente exitosa
es aceptada por todos
y acepta a todos.*

如何达到生死自在的境界？
唯有靠平时多培养"喜舍"之心，
方达提得起、放得下之境界。

*How can we be free from
the suffering of birth and death?
Only when we nurture our heart
with joy and unselfish giving
can we truly release our attachments.*

どうすれば生死自在の境地に
達することができるか。
それは「捨てることのできる心を培う」
という日頃の心掛けに頼るしかない。
それでこそ「放下できる」境地に達せる。

*¿Cómo podemos estar libres
del sufrimiento de la vida y de la muerte?
Solamente cuando dejamos ir
nuestras ataduras
y alimentamos nuestros
corazones con alegría
y la entrega desinteresada,
así podemos dejar de tenacear.*

典藏版

舍去眼前的烦恼，
才能当下拥有慈悲的法喜。

*Only when we let go
of the afflictions we have
can we experience the joy
of kindness and compassion.*

目の前の煩悩を捨ててこそ、
ただちに慈悲の法悦に浴することができる。

Deja ir las preocupaciones;
sólo así apreciarás la alegría
de un corazón compasivo.

付出劳力又欢喜,
便叫做"喜舍"。

Joyous giving
is to contribute our efforts happily.

労力で喜んで奉仕するのを「喜捨」という。

El dar con alegría es
ayudar a otros con felicidad.

有人点灯求光明,
其实真正的光明在我们心里。

Many seek illumination
by lighting a lamp,
when the true light is within our hearts.

光明なる前途を祈願して
仏前に灯を点す人がいる。
だが、真の光明は自分の心の中にある。

*Muchos buscan la iluminación
encendiendo una lámpara,
pero la verdadera luz
está dentro de uno mismo.*

人的心地就像一亩田，
若没有播下好的种子，
也长不出好的果实来。

Our mind is like a garden;
if no good seeds are sown,
nothing good will grow.

人の心は田んぼと同じで、
良い種を蒔かなければ
よい実を結ぶことはできない。

*Nuestra mente
es como un jardín;
si no sembramos
buenas semillas,
nada bueno crecerá.*

天堂和地狱，
都是由心和行为所造作。

*Our thoughts and actions
create our state
of heaven or hell.*

天国も地獄も心と行爲によって造られる。

*Nuestros pensamientos
y acciones
crean nuestro destino
en el cielo o en el infierno.*

三心二意无定性，
四处徘徊不专精，
尽管条条道路通长安，
却永远无法到达终点！

Even if all roads lead to Rome,
when our mind is indecisive,
constantly wandering,
and unable to concentrate,
we will never make it
to our destination.

優柔不断で、物事に専念することなく
うろつき回っていたら、
目的地に通ずる道が何本あっても、
永遠に終点へはたどり着けない。

*Incluso si todos los caminos
conducen a Roma,
una mente indecisa
que deambula e
incapaz de concentrarse,
nunca será capaz
de llegar a su destino.*

要用心,
不要操心、烦心。

*Instead of worrying
or being vexed,
we should always be mindful.*

やさしく心を配ろう。
心を労することなく、煩わすことなく。

*Debes estar atento,
no preocupado ni perturbado.*

人的观念不正,
就不能正业;
观念如果偏差,
所做的事也会错误。

If our view is incorrect,
our actions will not be right;
if our thinking is biased,
everything we do will be wrong.

正しい観念を持たなければ、
正業を行うことは難しい。
観念に偏りがあれば、
行いに誤りが生じ易くなる。

*Si nuestro punto de vista
es incorrecto, nuestras acciones
tampoco serán correctas;
si nuestra forma de pensar
está prejuiciada, todo lo que hacemos
será incorrecto.*

人要学习经得起周围人事的
　　磨练而心不动摇，
并学习在动中保持心的宁静。

*We should learn to remain unwavering
when faced with challenges
presented by people around us.
We should also learn to keep calm and cool
in the midst of commotion.*

人間は、周囲の「人」や「事」の練磨の
中で不動の心を保てるよう、
「動」の中で心の平静さを
保つことができるよう、修行を積むべきである。

*Debemos aprender a mantener la
calma entre el tumulto de las personas
y los acontecimientos,
a mantener la paz interior,
incluso cuando estamos muy ocupados.*

有智慧的人能舍，
能"舍"就能"得"，
得到无限的快乐。

A wise person is able to let go.
To let go is actually to receive,
to receive boundless happiness.

智慧のある人は捨て切ることができるから、
「捨てて」この上ない喜びを
「得る」ことができる。

*Una persona sabia es una persona
capaz de no apegarse a nada.
El no apegarse a nada es recibir,
recibir felicidad infinita.*

智慧是从人与事之间磨练出来的,
若逃避现实,离开人与事,
便无从产生智慧。

*Wisdom is derived from
the trials and tribulations of
working with people.
If we escape from reality
and avoid challenges,
then we cannot develop our wisdom.*

智慧は人と事とのかかわり合いによって
磨き出される。
現実から逃避し、人と事から
遠ざかっていては、
智慧は到底育たない。

*La sabiduría espiritual
se cultiva mediante la interacción
de las personas,
los objetos y los acontecimientos.
Escaparse de la realidad, alejarse de las
personas y de los acontecimientos no
nos ofrece medios para
enriquecer nuestra sabiduría.*

有些人常常起烦恼——
因为别人一句无心的话，
他却有意地接受。

*People often feel upset
because they take
careless remarks too seriously.*

話し手はそのつもりでないのに、
聞き手が独り合点して煩悩を
起こすことがままある。

*Las personas
se sienten a menudo enojadas
porque toman muy en serio comentarios,
dichos a la ligera.*

如果有所付出就想有所回报,
将会招来烦恼。

If we give but expect something in return,
we will only draw affliction to ourselves.

見返りを求める奉仕は煩悩の元となる。

*El dar con expectativa
de recibir algo a cambio
sólo trae miseria.*

"贪"不但带来痛苦，
也使人堕落。

Greed not only brings misery,
but also leads the way to moral ruin.

「貪り」は苦痛をもたらすばかりでなく、
人を堕落させる。

*La codicia
no sólo trae miseria,
sino que también
puede llevarnos a la ruina.*

人生多欲为苦——
人常被"欲"所牵引造恶。

*People suffer because of
their endless desires,
which draw them to do things
that create bad karma.*

欲が多ければ苦しむ。
人はとかく欲に引きずられて、
悪業を造る。

*Los seres humanos
sufren porque tienen
deseos constantemente.
Estos deseos los conducen
a hacer algo malo
y crear mal karma.*

烦恼就像一条毒蛇睡在人的心中，
一触动它，蛇就会咬人。

*Affliction is like a poisonous snake
that sleeps in the mind;
the moment it is disturbed,
it will bite you.*

煩悩はあたかも一匹の毒蛇が人の心の中に
眠っているようなもので、
いったん毒蛇に触れたらかみついてくる。

Las preocupaciones
son como serpientes venenosas
que duermen en la mente;
en el momento que las molestes,
te morderán.

多做一件善事,
就放下一项烦恼。

The more good deeds we do,
the more worries we let go of.

一つ善いことをすると、
一つ煩悩が消えます。

*Mientras más buenos actos hagamos,
más nos liberamos de preocupaciones.*

典藏版

180　能为人服务比被人服务有福。

*It is more of a blessing
to serve others than to be served.*

ひとに奉仕することができる人は、
奉仕される人よりも福がある。

*Es mayor bendición servir a otros,
que ser servido.*

多原谅人一次，就多造一次福。
把量放大，福就大。

*Each time we forgive others,
we are, in fact, sowing blessings.
The bigger our heart,
the more blessings we enjoy.*

今一度人を許せば、
今一度福をつくることになる。
度量を広く持てば福も大きくなる。

*Perdonar una vez
es ser bendecido una vez.
Cuanto más perdonemos,
más seremos bendecidos.*

自造福田，自得福缘。

*Those who sow
the seeds of blessings
shall harvest plentiful blessings.*

自ら福田をたがやせば、
自ずと福縁 (幸せをもたらす縁) を得る。

*Aquellos que siembran
las semillas de la bendición cosecharán
una multitud de bendiciones.*

人与人相处,都是以声色互相对待。
讲话是声,态度是色,
与人讲话要轻言细语,
态度要微笑宽柔。

*The expression on our face
and the tone of our voice
all communicate to others.
We should smile and speak softly,
and maintain a gentle
and accommodating attitude.*

人と人との交流は、
すべて「声色」をもって伝え合うもの。
「声」とは話すことで、
「色」とは態度だ。
それゆえ対話はふんわりと優しい口調で、
微笑みを湛えた丁寧な態度にしたいもの。

*Nos comunicamos con los demás
por medio de nuestras
expresiones del rostro y
del tono de nuestra voz.
Sonríe y habla con voz suave,
mantén una actitud apacible.*

听话、说话要完整，
不要只拣前一句、后一句，
合起来刚好尖尖地刺进人心。

When listening and speaking to people,
we should capture the whole picture.
If we pick one sentence here
and another sentence there,
we may hurt someone deeply.

話を聞くのも話すのも、完全を期すことだ。
自分の都合によって前のほうから一語、
後ろのほうから一語と勝手に選んで、
それを繋いでみると人を傷つけるような
とげとげしい話になってしまうということに
ならないように。

*Sé claro y completo
cuando estés escuchando o hablando.
No tomes una frase por aquí
y otra por allá, o puede ser que
involuntariamente lastimes
mucho a alguien.*

对人要宽心,
讲话要细心。

Be forgiving towards others.
Be discreet in your speech.

他人には寛容に、
話す時は細心の注意をはらって。

*Olvida las ofensas
de otras personas.
Sé discreto en tus conversaciones.*

典藏版

要做个受人欢迎和被爱的人，
必须先照顾好自我的声和色。

*To win the hearts of others
and always be welcomed,
we must be mindful
of our own tone of voice
and facial expression.*

歓迎され愛される人になるには、
先ず自分の声音と身振りに
気をつけるべきである。

*Para ganarse el corazón de los demás y
ser siempre bienvenidos,
debemos ser cautelosos con
nuestro tono de voz y con
nuestras expresiones faciales.*

只要缘深，不怕缘来得迟；
只要找到路，就不怕路遥远。

*It is never too late for a
deep-rooted affinity to blossom.
Do not worry over a distant journey
as long as we find the way.*

縁さえ深ければ、
それが遅れようとも気にすることはない。
道さえ見つければ、
その道がいかに遠くても恐れることはない。
・

Siempre que una afinidad sea profunda,
no temas que tarde en llegar.
Del mismo modo, no temas que
una trayectoria sea larga,
siempre que hayas encontrado el camino.

有愿放在心里，
没有身体力行，
正如耕田而不播种，
皆是空过因缘。

Making vows without taking any action is like plowing a field without planting any seeds. Both are letting opportunities pass in vain.

心の中に願いを持っていても、
身を持って実践しなければ、
田畑を耕しても種を
蒔かないのと同じで、機縁を無駄にしてしまう。

Hacer votos sin actuar
es como arar el campo
sin plantar ninguna semilla;
no habrá cosecha que recoger,
dejando que la oportunidad pase.

每天要感谢父母与众生，
一生所做不要辜负父母与众生。

*Be grateful to our parents
and all beings every day.
In everything we do,
never disappoint them.*

毎日自分の両親やすべての生き物に
対して感謝することだ。
父母や衆生の恩を
無にするようなことをしてはならない。

Sé agradecido cada día
con tus padres y con todo ser viviente.
Tenlos presents en todo lo que hagas.
Nunca los decepciones.

死是生的开头,生是死的起点。
生生死死、死死生生,
本来就同在一个循环中。

Death is the beginning of birth,
birth is the origin of death.
Birth and death, living and dying,
they are all part of the same cycle.

死は生の始まり、
生は死の起点なのだ。
生生死死、死死生生は
もともと同じように循環している。

La muerte es el comienzo
de un nuevo nacimiento.
El nacimiento es el comienzo
de la muerte.
El nacimiento y la muerte,
el vivir y el morir son
todo parte partes del mismo
ciclo de la existencia.

家庭不能只追求丰富的物质生活，
应着重心灵沟通，
使亲子、夫妻间和谐、圆满。

*Do not just seek
a rich material life for your family.
It is more important for parent and child,
husband and wife
to communicate heart-to-heart
and nurture harmonious
and close relationships.*

家庭生活において、ただ物質的な豊かさを
追求するだけではならない。
むしろ「心の通じ合い」に重きをおいて、
親子、夫婦の仲が円満にいくよう
心がけるべきである。

*No persigas solamente una vida
de riquezas materiales para tu familia.
Es más importante que haya comunicación
entre padres e hijos,
así como entre esposo y esposa
y que mantengan relaciones
armoniosas y cercanas.*

鸟要有巢，人要有家，
如果夫妻子女各居一方，
何来天伦之乐？

*Birds need nests; people need homes.
If family members
all live in different locations,
how can they enjoy
the happiness of
family togetherness?*

鳥は巣を必要とし、人は家庭を必要とする。
もし夫婦や親子がそれぞれ別居していたら、
どうして一家団欒の楽しみが得られよう。

Los pájaros tienen nidos,
las personas tienen hogares.
Si los miembros de la familia
viven separados,
¿ Cómo pueden tener
una vida familiar feliz?

与人相处要去除我执，
扩大心胸，客客气气，
互让互爱。

*You must be free of ego
when you are with others,
so expand your heart,
and be courteous, cooperative,
and loving.*

人と付き合う時、
我執を除き寛大な心をもって、
謙虚な気持ちで互いに
譲り合い愛し合うこと。

*Debes liberarte de tu ego
cuando estés con otras personas.
Abre tu corazón, sé cortés, colaborador,
amable y amoroso.*

人生多病!
身体四大不调是病,
家人吵嚷不和是病,
社会动荡不安也是病。

*Life is full of illness.
Physical ailment is illness,
family dispute is illness,
social unrest is also illness.*

人生には病気が多い。身体の四大不調は
病気であり、家族の争いや社会の乱れも
また病気である。

〈注〉四大不調：四大は地、水、火、風のこと。
　　四大が調和しない時が病気である。

La vida está llena de dolencias.
La enfermedad es una dolencia,
las discusiones familiares
son una dolencia, el caos social
es una dolencia.

想要家庭吉祥、和睦,
就应该常常起欢喜心,
天天为自己的家庭祝福。

To have a warm and happy family,
we should nurture a heart of joy
and shower our family with blessings.

家庭の吉祥と和睦を願うなら、
常に歓喜の心をもって毎日自分の家族の
ため祝福すべきである。

*Para disfrutar de una
vida familiar cálida y feliz,
debemos nutrir el corazón
con alegría y colmar
a nuestra familia de bendiciones.*

勇气不可失，信心不可无，
世间没有不能与无能的事，
只怕——不肯。

Never lose courage.
Never lose faith.
Nothing in this world is impossible
when you are determined.

勇気と自信を失ってはならない。
やる気さえあれば、
この世にはやれない事も
できない事もないはず。
やらないだけなのだ。

Nunca pierdas el coraje.
Nunca pierdas la fe.
Nada en este mundo es imposible
cuando tienes determinación.

不管路有多远、自己的能力有多少,
都能随分随力尽量去达成目标,
此即"毅力"。

*No matter the length of the journey
or the extent of our abilities,
we should do our best to reach our goal.
That is perseverance.*

どんなに道が遠かろうと、
また己の能力がどれ程であろうと、
それ相応にベストを尽くして目標を達成する。
これがすなわち「剛毅さ」である。

*Sin importar cuán largo es el camino o
cuán capaces somos, hacemos lo
mejor posible para alcanzar nuestra meta.
Esta es la mejor muestra de perseverancia.*

苦干象征毅力和耐力,
要成就大业,
必须拥有苦干的精神。

*Hard work signifies
persistence and patience.
To achieve great accomplishments,
we must have a hardworking spirit.*

一生懸命さは剛毅さと忍耐力の象徴である。
大業を成就するにはこの精神を
持たなければならない。

*El trabajar duro significa
persistencia y paciencia.
Para alcanzar grandes logros
debemos poseer un espíritu luchador.*

有力量去爱人
或被爱的人，都是幸福的人。

True blessings flow
from our ability to love
and be loved by others.

人を愛せる人も、
また愛される人も、みな幸せな人である。

*Las personas felices son aquellas
que tienen capacidad
para amar y ser amados.*

要培养一分清净无染的爱。
在感情上不要有得失心，
不要想回收，就不会有烦恼。

*Learn to develop pure and
unconditional love;
a love that is freed of desire,
and asks for nothing in return.
In this way
we can be free of afflictions.*

清浄無垢の愛を培うには、
損得を無視し、
見返りを求めないことである。
そうすれば煩悩はない。

*Aprende a desarrollar un amor
puro e incondicional, un amor
que no sabe del perder o ganar,
que no pide nada a cambio.
De esta forma podemos
liberarnos de las preocupaciones.*

有所求的爱,是无法永久存在的。
能够永久存在的,
是那分无形、无染且无求的爱。

*A love with conditions attached
will never last.
Only pure, unconditional love
can last forever.*

見返りを求める愛は長続きしない。
永久に保つことができるのは、
形なく、汚れなくそして見返りを
求めない愛である。

El amor con condiciones
nunca perdurará.
Sólo el amor puro e incondicional
vivirá para siempre.

爱要浓淡合宜，像清茶淡香；
若是太浓，则苦得喝不下。

Love is like a cup of tea;
when properly brewed,
it has a wonderful light aroma.
If it is too strong,
it will be too bitter to drink.

愛は濃すぎず薄すぎず。
お茶は芳しく、美味しく、また気を引き立てる。
だが、濃すぎると苦くて飲めなくなる。
世間の愛もこれと同じである。

El amor es como una taza de té,
sabe delicioso y tiene un aroma suave cuando
se mezcla apropiadamente.
Si es muy fuerte, será demasiado amargo
para poder tomarlo.

任何事都是从一个决心、
　一粒种子开始。

*Every achievement grows out of
the seed of determination.*

何事も決意することから始まる。
一粒の種から成長するのだ。

Cada logro germina de la semilla
de la determinación.

不要小看自己,
因为人有无限的可能。

Do not underestimate yourself,
for human beings
have unlimited potential.

自分自身を過小評価することはない。
人はだれしも無限の可能性を
潜めているのだから。

No subestimes tu capacidad,
todos tenemos un potencial ilimitado.

千里之路,必须从第一步开始;
圣人的境域,也是自凡夫起步。

*The journey of a thousand miles
begins with the first step.
Even a saint was once
an ordinary human being.*

千里の道も始めの一歩から踏み出すのだ。
たとえ聖人の境地に到達した人といえども、
凡夫としての第一歩から始めたのだ。

*El viaje de las mil millas
empieza con el primer paso.
Aún el sabio fue una vez un ser humano
como cualquier otro.*

发心容易，恒心难持；
光说不练，无法体悟真理，
实践道法。

*It is easy to make a vow
but difficult to maintain it.
If we only talk but not act,
then we cannot understand the truth
nor realize the Dharma.*

発心することは簡単だが、
常に変わらない心を持続することは
容易ではない。
言うだけで行わないなら、
真理を悟ることができず、
み仏の道を実践することはできない。

Comenzar es fácil, persistir es difícil. Hablar sobre la verdad sin practicarla no lleva al entendimiento ni al Dharma.

人生在世,不能无所事事、
懵懵懂懂而虚度一生,
应发挥我们的良知良能,
造福人群。

We should not waste our life
in idleness and ignorance.
We should utilize our abilities
for the betterment of humankind.

生きているからには、
何もせずにぼんやりと過ごして
一生を棒に振ってしまわないようにしよう。
それには良知良能を発揮し、
人々に幸せをもたらすべきである。

*No debemos desperdiciar
nuestro tiempo y desviarnos
con pensamientos frívolos.
Es mejor nutrir nuestra bondad innata
y desarrollar nuestra capacidad
para ayudar a los demás.*

人一旦无所事事、虚度光阴，
　　精神就会萎靡不振，
　　生命也就失去意义。

*When we do nothing useful
and idle away our time,
our spirit will become weak
and life will seem meaningless.*

何もすることなく、
ぶらぶらと時間を無駄にしていると、
精神は衰えて振るわなくなり
生命の意義を失う。

*Cuando no tenemos nada
que hacer y desperdiciamos
nuestro tiempo, el espíritu
se vuelve débil y la vida no tiene sentido.*

美满的人生，
不在物质、权势、名利及地位，
而在人与人之间的关爱与情谊。

*A fulfilling life is not preoccupied
with material objects, prestige, or power.
It is a life that is filled with true friendships,
sharing, and caring for each other.*

幸せな人生は
物質、権勢、名利、地位によるのではなく、
人間同士の互いの思いやりによるのであり、
良いつながりをもつことによる。

Una vida plena no consiste en tener
más objetos materiales,
más prestigio o más poder.
Una vida plena se llena
con amistades verdaderas,
el compartir y el cuidarnos mutualmente.

所谓看开人生，
不是悲观，而是积极乐观；
不是看破，而是看透。

*To not take things in life too seriously
is a positive and optimistic attitude
rather than a pessimistic one.
It means having
a thorough understanding of life.*

人生を達観するということは悲観ではなく、
むしろ積極的で楽観的な態度である。
諦めではなく見極めである。

*Tomar la vida no tan seriamente,
no es una actitud negativa ni resignada.
Es buena y proactiva.
No significa perder la esperanza,
es la comprensión verdadera
del propósito real de la vida.*

所谓看开人生，
并非什么都不做，
而是能及时行善；
也不是什么都没有，
而是什么都知足！

*Not taking things in life too seriously
does not mean doing nothing
or having nothing.
Rather, it means doing good deeds
in a timely manner
and be content with everything.*

人生を達観するということは
何もしないのではなく、
時を移さずに善を行うのである。
達観して何一つ持たないのではなく、
何一つ不足しないのである。

*Tomar la vida sin preocupaciones
no significa no hacer nada, sino aprovechar
cualquier oportunidad
para hacer buenas obras.
No significa no tener nada,
sino estar feliz con lo que se tiene.*

人生几十年的成就，
都是由每一天的言行累积而成。
所以，要照顾好每一天的言行。

*Our accomplishments in life
are built on the words and actions
we make every day——
thus we must be discreet in our
daily speech and behavior.*

人生数十年の成就は、
日々の言行の積み重ねによって成る。
よって、日々の言行に
気をつけなければならない。

*Los logros en nuestras vidas
se construyen con las palabras y
las acciones de cada día.
Por eso, sé discreto en lo que dices y
en tu comportamiento diario.*

心有满满的爱,
能化解仇恨与敌对。

*A heart brimming with love
can transcend
hatred and hostility.*

心にいっぱいの愛があれば、
憎しみや敵対心を消すことができます。

*Cuando un corazón está lleno de amor,
la ira y la hostilidad se puede superar.*

真正的布施，
除了无欲无求，
还要有感恩心。

*True giving is giving with gratitude
while asking for nothing in return.*

真正なる布施は無償であるほか、
感謝の気持ちがなければならない。

Da sin esperar nada a cambio,
y da con gratitud.

布施不是有钱人的专利，
而是一分虔诚的爱心。

Unconditional giving
is not a privilege of the rich
but an utmost sincere love.

布施は富める者に与えられた特許ではない。
それは誰にもできる、
誠意のこもった愛の心づくしである。

El dar no es privilegio de los ricos,
es el privilegio de las personas sinceras.

静思书轩苏州书院店：江苏省苏州市沧浪区滚绣坊41号（十全街南林饭店西侧）
电话：0512—65816171—3102

静思书轩苏州景德店：江苏省苏州市姑苏区景德路367号
电话：0512—80990980—4202

静思书轩厦门湖里店：福建省厦门市湖里区兴隆路582号之一A（大唐世家二期）
电话：0592—5717229

静思书轩厦门思明店：福建省厦门市思明区禾祥西路12号103店面
电话：0592—2285766

静思书轩厦门五缘湾店：福建省厦门五缘湾商业街B区B3栋
电话：0592—5717706—115

静思书轩福鼎古城店：福建省福鼎市古城南路120号（市医院慈济大楼静思书轩）
电话：0593—7832707

静思书轩泉州新门店：福建省泉州市鲤城区新门街拓改工程北12#27—29（梨园戏剧院对面）
电话：0595—22850338

静思书轩北京富贵园店：北京东城区东花市大街118号花市枣苑甲3—7号
电话：010—51005558

静思书轩长春宽城店：长春市宽城区北京大街420号百洋大厦1楼
电话：0431—82761800

静思书轩上海长风店：上海市普陀区大渡河路168弄22号H栋1楼101室（光复西路和中江路交叉口）
电话：021—61231841

静思书轩杭州红星店：杭州上城区建国南路280号红星文化大酒店一楼（西湖大道旁）
电话：0571—81908107

静思书轩深圳福田店：深圳福田区园岭街道办八卦一路鹏益花园1号群楼104（中信银行旁）
电话：0755—22380860

静思书轩广州天河店：广州市天河区华景路31号自编201室
电话：020—38208810

图书在版编目(CIP)数据

静思语:中、英、日、西四国语言对照典藏版/释证严著.—上海:复旦大学出版社,
2018.1(2025.8 重印)
ISBN 978-7-309-13408-7

Ⅰ.静… Ⅱ.释… Ⅲ.佛教-人生哲学-通俗读物-汉语、英语、日语、西班牙语
Ⅳ.B948-49

中国版本图书馆 CIP 数据核字(2017)第 292923 号

慈济全球信息网:http://www.tzuchi.org.tw/
静思书轩网址:http://www.jingsi.com.tw/
苏州静思书轩:http://www.jingsi.js.cn/
原版权所有者:慈济人文出版社授权复旦大学出版社出版发行简体字版
翻译者资料:
英 文 翻 译   慈济美国英文翻译志工
英文最后编辑 释德霖、陈素羚、慈济美国总会文发室文编组
            (感谢 Douglas Shaw 和慈济美国翻译小组)
英文协助编辑 Neil Bond
西班牙文翻译 慈济西班牙语翻译小组
西班牙文校阅 王振国
日 文 翻 译   涂罗美丽
日 文 校 阅   山田智美

Author:Shih Cheng Yen
English translation by:Tzu Chi translation volunteers in USA
English final editors:DM De Lin, Sulian Chen, and Editorial Division,
        Humanistic Culture Development Department, Tzu Chi USA
        (with special thanks to Douglas Shaw and Tzu Chi Translation Team in USA)
English contributing editor:Neil Bond
Las Traductoras Españolas:Equipo de Traducción Española del Tzu Chi
El Revisor Español:Francisco Wang
和   訳:涂羅美麗
日本語校閱:山田智美

静思语:中、英、日、西四国语言对照典藏版
释证严 著

责任编辑/邵 丹

复旦大学出版社有限公司出版发行
上海市国权路 579 号 邮编:200433
网址:fupnet@fudanpress.com http://www.fudanpress.com
门市零售:86-21-65102580   团体订购:86-21-65104505
出版部电话:86-21-65642845
浙江新华数码印务有限公司

开本 787 毫米×1092 毫米 1/32 印张 8 字数 66 千字
2018 年 1 月第 1 版
2025 年 8 月第 1 版第 6 次印刷
印数 24 501—28 600

ISBN 978-7-309-13408-7/B·652
定价:28.00 元

如有印装质量问题,请向复旦大学出版社有限公司出版部调换。
版权所有   侵权必究